초등학생의 진로와 직업 탐색을 위한
잡프러포즈 시리즈 51

간호사는 어때?

차례

CHAPTER 01 간호사 이지영의 프러포즈

- 간호사 이지영의 프러포즈 … 10

CHAPTER 02 간호란?

- 간호란 무엇인가요? … 15
- 언제부터 간호가 시작되었을까요? … 16
- 간호는 과학이자 예술이다 … 18

CHAPTER 03 간호사의 세계

- 전문적인 간호로 환자의 회복을 도와요 … 23
- 먼저 온 순서가 아닌 응급한 환자부터 치료해요 … 25
- 시시각각 변화하는 환자의 상태, 뛰어다니는 응급실 간호사 … 28
- 의료진 소통은 전산시스템으로 … 30
- 퇴원부터 입원까지 함께 해요 … 32
- 투약할 때는 정확하고 안전하게 … 33

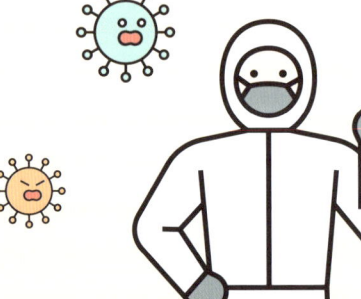

CHAPTER 04 간호사가 되려면

- ☺ 환자를 이해하는 따뜻한 시선, 간호사의 첫걸음 … 39
- ☺ 체험활동이나 자원봉사를 하며 적성을 알아보세요 … 41
- ☺ 간호학과에 진학하고 국가시험에 합격해요 … 42
- ☺ 간호사에게 제일 중요한 덕목은 '신뢰' … 43

CHAPTER 05 간호사의 매력

- ☺ 간호사의 하루, 보람의 조각들 … 49
- ☺ 긴박한 순간, 완벽한 팀워크 … 51
- ☺ 세월 속에 빛나는 간호의 길 … 52

CHAPTER 06 간호사의 마음가짐

- ☺ 비판적 사고가 필요해요 … 57
- ☺ 끝까지 환자 곁을 지키는 마음도 필요해요 … 58
- ☺ 환자의 고통과 감정을 이해하려고 노력해요 … 61

간호사 이지영을 소개합니다

- ☺ 처음부터 간호사가 꿈은 아니었어요 … 65
- ☺ 전공 수업은 어렵고 힘들었어요 … 66
- ☺ 오케스트라 활동으로 대학 생활을 즐겼어요 … 67
- ☺ 서로에게 든든한 버팀목이 된 입사 동기들을 만났어요 … 68
- ☺ 프리셉터 선생님 덕분에 성장할 수 있었어요 … 70
- ☺ 환자의 배려를 받을 때 감동이에요 … 72
- ☺ 그만두고 싶었던 날도 있었어요 … 74
- ☺ 미국 간호사가 되기로 결심했어요 … 75
- ☺ 언어와 문화가 달라도 마음이 통하는 동료들 … 77
- ☺ 후회 없이 행복하게 하루하루 살아가는 삶 … 79

10문 10답

- ☺ 간호사는 환자를 돌보지 않는 일을 할 수도 있나요? … 85
- ☺ 간호사로 숙련되는 데 얼마나 걸릴까요? … 86
- ☺ 근무 형태는 어떤가요? … 87
- ☺ 연봉은 얼마나 되나요? … 89
- ☺ 정년은 언제인가요? … 90
- ☺ 이 직업과 관련해 추천할 만한 영화나 드라마가 있나요? … 92
- ☺ 미국 간호사는 어떻게 되는 건가요? … 93
- ☺ 아픈 사람들을 대하는 게 힘들지 않나요? … 94
- ☺ 스트레스는 어떻게 해소하세요? … 96
- ☺ 우리나라 간호 서비스의 수준은 어떤가요? … 98

이지영 간호사의 V-Log

- ☺ 이지영 간호사의 V-Log … 102

나도 간호사

- ☺ 나도 간호사 … 114

간호사 이지영의 프러포즈

안녕하세요, 어린이 여러분!

저는 현재 뉴욕 프레스비테리안 웨일 코넬 병원NewYork-Presbyterian Weill Cornell Medical Center에서 간호사로 일하고 있는 이지영입니다. 이렇게 좋은 기회로 만나게 되어서 정말 기뻐요.

여러분은 무슨 꿈을 가지고 있나요? 아마 자신이 뭘 원하는지 아직 잘 모를 수 있어요. 저도 그랬고요. 다양한 직업에 대한 구체적인 정보들이 부족하고, 아직은 먼 것 같은 미래의 꿈을 결정하기는 어려울 거예요. 그래서 지금 당장은 자기 적성과 흥미를 발견하는 데 집중하면 좋겠어요. 이렇게 책을 보거나, 유튜브나 넷플릭스, 각종 다큐멘터리를 통해 간접적으로 정보를 얻고, 관련 분야의 봉사나 동아리 활동을 하면서 직접 부딪혀 볼 수도 있겠죠?

여러분은 간호사를 생각하면 어떤 모습이 떠오르나요? 흔히 주사만 놓는 사람이라던가, 의사를 보조하는 사람이라고만 생각하는 경우가 있어요. 이건 여러분이 현장에서 직접 일하는 간호사를 만날 기회가 없고, 그 역할들을 정확히 알지 못하기 때문에 생기는 오해예요. 주로 TV나 영화에서 나오는 이미지는 간호사의 역할을 굉장히 축소해서 보여주는 경향이 있기도 하고요.

저는 2015년 간호대학을 졸업하고 서울아산병원 응급실에서 첫 간호사 생활을 했어요. 그리고 여러 번의 이직을 통해 현재는 뉴욕에서 혈장교환술 및 혈액투석을 하는 부서에서 간호사로 일하고 있는데요. 조금 생소하게 느껴질 수도 있는 분야지만, 실제로 병원에서는 간호사가 여러 전문 영역에서 환자의 생명을 지키는 중요한 역할을 하고 있어요. 모든 일을 다 소개할 수는 없지만, 선배 간호사로서 이 직업에 대해 여러분이 조금씩 알아갈 수 있도록 제 경험을 나눠볼게요.

환자의 안녕과 안전을 책임지고 돌보는 전문직 간호사의 세계로 여러분을 초대합니다!

- 간호사 이지영

2장에서는?

여러분이 아플 때 돌봐주는 사람은 누구인가요? 가족 중 누군가 여러분을 돌보겠지요. 그럴 때는 간호한다고 하지는 않는 것 같아요. 간호는 전문적인 의료 지식을 바탕으로 하는 과학적인 돌봄이에요. 어떻게 간호가 가정을 넘어 사회로 나아가게 되었을까요? 그 질문에 대한 답을 알아보아요.

간호란 무엇인가요?

간호는 사람들을 잘 보살피고 지켜주며 돌보는 일이에요. 간호라는 말은 영어로 'Nursing(널싱)'으로 잘 키우고 돌본다는 뜻이에요. 우리말 간호(看護)도 역시 보살핀다는 뜻이지요.

간호의 목적은 개인, 가족, 지역사회의 건강 회복, 질병 예방, 건강 유지와 증진 및 고통의 경감이에요. 좀 더 쉽게 말하자면, 간호는 아픈 사람이 다시 건강해질 수 있도록 도와주고, 고통을 덜어주는 일이에요. 하지만 간호는 단지 아픈 사람만을 위한 것이 아니에요. 건강한 사람이 병에 걸리지 않도록 돕는 예방 활동, 그리고 현재의 건강을 잘 유지하고, 더 나은 삶을 준비할 수 있도록 돕는 건강 증진도 간호의 중요한 역할이에요.

사람이 태어나서부터 삶을 마무리하는 순간까지, 존엄하게 살아갈 수 있도록 곁에서 돕는 일, 그 전 과정을 함께하며 건강을 지키고 회복을 지원하는 것, 그것이 간호의 진짜 목적이랍니다.

언제부터 간호가 시작되었을까요?

간호의 시작은 돌봄이었을 거예요. 아픈 사람이 자신을 돌보고, 어머니가 아픈 자식을 돌보고, 자식이 아픈 부모를 돌보듯, 돌봄은 아주 오래된 형태의 간호라고 할 수 있어요. 그렇지만 간호가 전문 직종으로 자리 잡은 것은 비교적 최근의 일이에요.

현대 간호의 선구자인 플로렌스 나이팅게일은 19세기 중반 크림 전쟁에 참전해 다친 군인들의 간호를 맡았어요. 당시에는 전투 현장에서 죽는 병사보다 심각한 부상이 아닌데도 세균에 감염되거나 전염병 때문에 사망한 병사가 훨씬 많았어요. 군부대의 위생 상태가 너무나 좋지 않았기 때문인데요. 나이팅게일은 위생적인 환경을 마련하고 밤마다 병사들의 상태를 살피기 위해 등불을 들고 돌아다녀서 '등불을 든 여인'이라는 별명을 얻었지요.

전쟁터에서 돌아온 나이팅게일은 깨끗한 환경과 환자 돌봄의 중요성을 강조하며 체계적이고 과학적인 간호학을 정립하고, 간호학교를 세워 전문적인 간호사를 길러냈어요. 나이팅게일의 이런 업적은 전 세계로 퍼져나가 간호학이 학문으로 발전하게 되었고, 간호 교육과 간호사의 역할에 대한 기준이 되었어요. 이로써 전문성과 과학적인 기반을 갖춘 현대 간호학의 기초가 마련되었습니다.

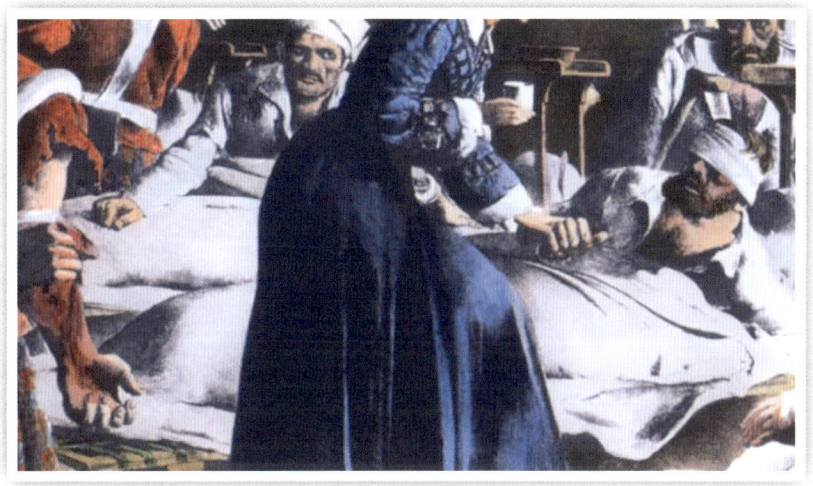

플로렌스 나이팅게일 (출처: https://myamericannurse.comflorence-nightingale-inspiration)

간호는 과학이자 예술이다

이 말은 현대 간호학의 창시자, 플로렌스 나이팅게일이 남긴 말이에요. 150여 년이 지난 지금도 이 말은 간호의 본질을 가장 잘 설명해 주고 있어요.

간호는 과학적 지식에 기반한 전문적인 실천이에요. 간호사들은 의료 과학, 생물학, 생리학, 약리학 등 다양한 분야의 지식을 바탕으로 환자의 상태를 평가하고, 치료 계획 수립과 회복 과정에 능동적으로 참여해요. 증상 관찰, 자료 분석, 근거 기반 간호 Evidence-Based Practice 는 모두 과학적 접근에서 비롯된 것이죠.

하지만 간호는 과학만으로는 완성되지 않아요. 환자의 마음을 이해하고 감정을 헤아리는 인간적인 돌봄이 함께해야 비로소 '간호'가 완성돼요. 고통, 불안, 외로움 속에 있는 환자에게 진심으로 공감하고, 따뜻한 말과 눈빛으로 마음을 어루만지는 것 또한 간호사의 몫이에요.

이런 점에서 간호는 기술과 지식만의 영역이 아닌, 깊은 감정과 이해가 필요한 예술적인 행위이기도 해요. 마치 예술가가 작품에 자신의 감정과 철학을 녹여내듯, 간호사는 환자 한 사람 한 사람을 진심으로 마주하며 삶의 질을 돌보는 존재예요.

과학과 예술이 함께 어우러질 때, 우리는 환자의 몸뿐 아니라 마음까지도 회복시키는 간호를 실천할 수 있어요. 그것이 간호의 본질이자, 나이팅게일이 말한 간호의 진짜 의미라고 할 수 있습니다.

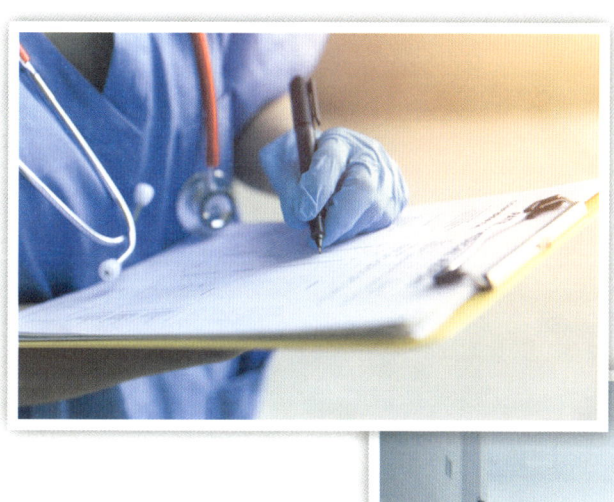

3장에서는?

간호사가 실제 병원에서 하는 일을 알아보는 시간이에요. 간호사의 업무는 병원에서도 부서마다 매우 다양하고 전문적으로 세분화되어 있기 때문에 어린이 여러분에게 다 설명하기는 어려워요. 응급실에서 근무했던 이지영 간호사의 경험을 바탕으로 주로 간호사들이 병원에서 하는 공통적인 업무와 응급실에서 환자를 돌보는 일을 중심으로 알려드릴게요.

전문적인 간호로
환자의 회복을 도와요

간호사는 매우 다양한 일을 수행하지만, 그중에서도 모든 간호사가 공통으로 담당하는 핵심 업무들이 있어요. 먼저, 환자의 활력징후(체온, 맥박, 호흡, 혈압 등)를 측정하고, 건강 상태와 그 변화를 세심하게 관찰해요. 의사의 처방에 따라 의약품을 준비하고 투약하며, 약물의 효과와 부작용을 확인해 필요한 경우 즉시 보고하는 일도 포함돼요.

이와 함께, 환자가 섭취한 음식이나 수분의 양과 배설된 양을 확인하여 체내 수분 균형이 잘 유지되고 있는지를 점검해요. 환자가 침상에서 떨어지지 않도록 돕고, 욕창이 생기지 않도록 주기적으로 자세를 바꿔 주는 등 안전을 지키는 일 역시 매우 중요해요.

병원 내 감염이 퍼지지 않도록 예방하고 관리하는 일도 간호사의 중요한 역할 중 하나예요. 예를 들어, 환자의 감염 종류에 따라 보호안경, 가운, 장갑, 마스크 착용은 물론, 환자 격리, 손 씻기, 폐기물 관리 등을 철저히 수행해요.

 그뿐만 아니라, 환자와 가족에게 질병에 대한 정보, 관리 방법, 그리고 예방법을 알기 쉽게 설명해 주어 스스로 건강을 잘 돌볼 수 있도록 교육해요.

 마지막으로, 간호사는 다른 의료진과 긴밀히 협력하여 환자의 치료와 회복 과정에 직접 참여하며, 의료 현장에서 원활한 소통을 통해 협력합니다.

먼저 온 순서가 아닌
응급한 환자부터 치료해요

앞에서는 전반적인 간호사 업무에 대해 설명해 드렸는데 이제 특수 부서인 응급실에서는 간호사가 무슨 일을 하는지 살펴볼까요? 환자가 응급실에 오면 가장 먼저 안내받는 곳이 트리아지^{Triage}라고도 부르는 환자 분류소예요. 그곳에서 응급의학과 전문의 또는 응급실 간호사가 한국형 중증도 분류 도구$^{KTAS:\ Korean\ Triage\ and\ Acuity\ Scale}$에 따라 환자를 평가하고 치료의 우선순위를 판단해요. 환자의 활력징후를 체크하고 환자에게 어디가 아파서 왔는지, 언제부터 아팠는지, 과거에 아픈 적은 있었는지, 현재 복용 중인 약물이 있는지, 알레르기가 있는지 등을 묻고 기록해요.

응급실에 온 환자는 한국형 중증도 분류 도구를 사용해 5단계로 분류돼요. 이 중 1단계와 2단계는 즉각적인 처치가 필요한 위급한 상태로, 환자를 빠르게 소생 구역으로 옮겨 응급처치를 시작해야 해요. 응급실 내부는 환자의 상태에 따라 치료 구역이 나뉘어 있어요. 그래서 분류 결과에 따라 환자는 가장 적절한 구역으로 배정되죠. 3, 4, 5단계로 분류된 환자는 비교적 상태가 안정적이기 때문에, 그에 맞는 구역으로 이동한 뒤 앞으로 받게 될 검사나 치료 과정에 대해 설명을 듣게 돼요.

환자가 분류되면 다음에는 의사의 처방을 확인하고 우선순위에 따라 검사를 진행해요. 이때 환자에게 어떤 검사를 진행할지, 언제 결과가 나오는지에 대해 미리 설명하면 긴 시간 대기해야 하는 환자들의 불만을 줄일 수 있어요. 마지막으로 대기가 길어지는 환자는 적절한 시간 간격을 두고 찾아가서 재평가를 해줘야 해요. 대기 중에 상태가 악화하면 진료 순서를 앞당겨 치료를 받도록 할 수도 있어요.

KTAS(Korean Triage and Acuity Scale : 한국형 응급환자 분류도구)

단계	단계별 정의	대표적인 증상	진료우선순위
KTAS 1	즉각적인 처치가 필요하며 생명이나 사지를 위협하는(또는 악화 가능성이 높은) 상태	심장마비, 무호흡, 음수와 관련되지 않은 무의식	최우선순위
KTAS 2	생명 혹은 사지, 신체기능에 잠재적인 위험이 있으며 이에 대한 빠른 치료가 필요한 경우	심근경색, 뇌출혈, 뇌경색	2순위
KTAS 3	치료가 필요한 상태로 진행할 수도 있는 잠재적 가능성을 고려해야 하는 경우	호흡곤란(산소포화도 90%이상) 출혈을 동반한 설사	3순위
KTAS 4	환자의 나이, 통증이나 악화/합병증에 대한 가능성을 고려할 때 1~2시간 안에 처치나 재평가를 시행하면 되는 상태	38도 이상의 발열을 동반한 잦은 복통을 동반한 요로감염	4순위
KTAS 5	긴급하지만 응급은 아닌 상태, 만성적인 문제로 인한 것이거나, 악화의 가능성이 낮은 상태	감기, 장염, 설사, 열상(상처)	5순위

KTAS 분류 기준

(출처: https://emergencymedicine.vcu.edu)

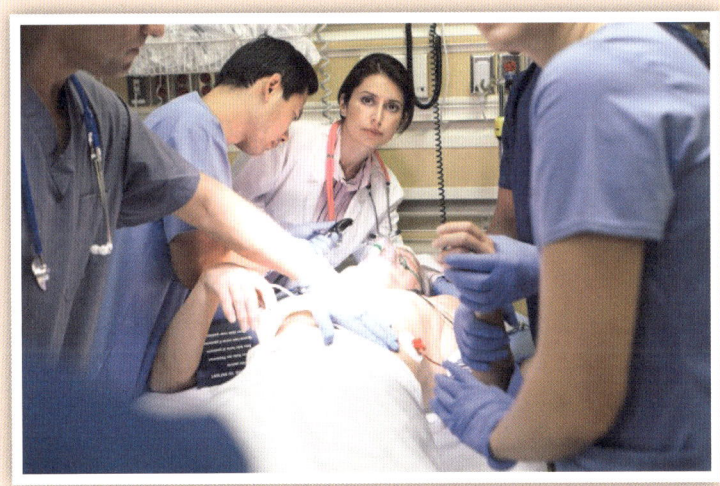
(출처: https://online.regiscollege.edu/blog/er-vs-or/)

시시각각 변화하는 환자의 상태, 뛰어다니는 응급실 간호사

대부분의 응급실 환자는 기본적으로 혈액검사, 심전도, 흉부 엑스레이(X-ray) 촬영을 받고, 의사의 처방에 따라 수액, 진통제, 항생제 등 필요한 약을 투약받아요. 이 밖에도 환자의 상태에 따라 추가 검사가 진행되기도 하지요. 검사 결과와 환자가 앓고 있는 질환, 이전에 진료받은 기록 등을 종합적으로 살펴 어느 진료과에서 치료를 받을지 결정하게 됩니다.

이처럼 환자의 치료 방향이 결정되는 과정에서 간호사는 환자의 혈압, 맥박, 호흡수, 체온과 같은 활력징후를 지속적으로 확인하며 상태를 자세히 살펴요. 또한, 각종 검사, 시술, 처치가 왜 필요한지 환자와 가족에게 쉽게 설명하고, 검사나 시술을 잘 받을 수 있도록 준비를 도와주는 것도 간호사의 중요한 역할이에요. 의사의 처방에 따라 약을 투여하고, 그 효과와 부작용이 나타나는지도 꼼꼼히 살핍니다. 응급실에서는 환자의 의식 수준, 통증 정도, 호흡 상태 등도 함께 평가되기 때문에, 활력징후 모니터링은 전체적인 상태를 살피는 일의 일부이며, 환자 관리에서 매우 중요한 과정이랍니다.

    그리고 무엇보다도, 환자 곁에 가장 오랫동안 함께 있는 사람은 의사가 아니라 간호사예요. 그래서 환자의 시시각각 변하는 상태를 가장 먼저 알아차릴 수 있는 사람이 간호사이고, 그 작은 변화도 놓치지 않고 빠르게 대응해 환자가 적절한 치료를 받을 수 있도록 도와야 해요. 응급 상황에서는 1분 1초가 소중하므로 간호사는 늘 긴장하며 민첩하게 움직여야 합니다.

의료진 소통은 전산시스템으로

　삶과 죽음이 오가는 응급실이든, 비교적 평온한 병동이든 의료진의 원활한 협업이 환자 안전과 치료 성공의 열쇠예요. 이를 위해 과거에는 전화나 메신저로 소통하고 종이 차트에 기록했지만, 이제는 병원 컴퓨터와 개인 스마트폰에서 바로 확인할 수 있는 EMR Electronic Medical Record, 전자의무기록시스템을 적극 활용해요. EMR은 환자의 검사 결과, 수술·처치 내역, 의사 처방, 입·퇴원 정보 등 모든 의료 기록을 실시간으로 공유하고 업데이트할 수 있어요. 예를 들어, 중요한 혈액검사 결과가 나오면 곧바로 시스템에 반영되고, 담당 간호사와 의사, 검사실, 약국 등 관련 부서에는 알림 팝업이 뜨기 때문에 즉시 후속 조치를 취할 수 있답니다. 간호기록과 활력징후도 모두 전산에 입력되어 언제든 최신 상태를 확인할 수 있어, 업무 효율과 정확성이 높아져요. 특히, EMR의 채팅 기능은 마치 카카오톡처럼 빠른 메시지 전달을 가능하게 해준답니다. 검사 일정 조율, 처방 변경, 입원실 배정 같은 업무도 시스템 내에서 즉각 확인·수정하며 협업을 이어갈 수 있지요. 따라서 의료진이라면 알람이 울릴 때 바로 확인하고, 우선순위에 따라 전달받은 일을 수행해야 합니다.

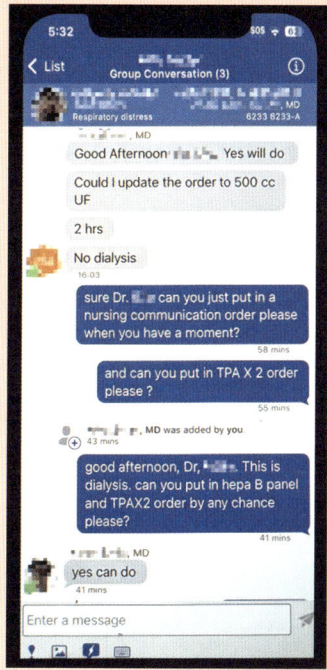

Secured chat fuction in epic (EMR): 병원 전산시스템에서 카카오톡처럼 대화하며 실시간으로 환자의 상태를 노티하고 오더를 받을 수 있어요.

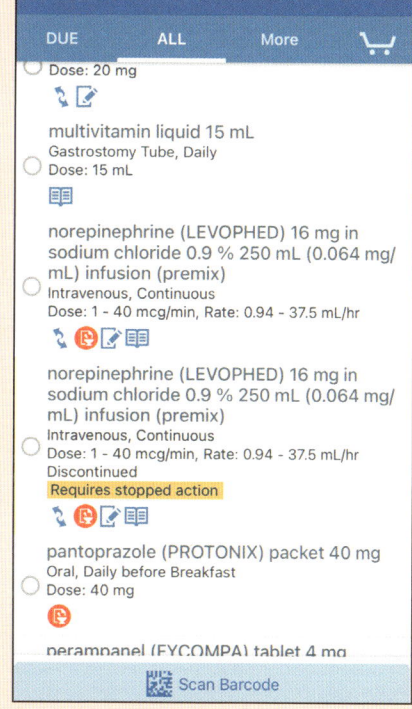

처방된 약과 용량을 확인하고 투약 사인을 하는 처방창

퇴원부터 입원까지 함께 해요

　검사 결과가 모두 확인되어 환자의 치료 방향이 결정되면 간호사는 퇴원이나 입원 절차를 안내합니다. 퇴원이 가능한 환자에게는 처방된 약의 복용 방법과 퇴원 후 주의사항을 설명하고, 이후 외래 진료나 추가 검사가 필요한 경우에는 일정을 정확히 안내해 드려요.

　입원이 결정된 환자는 병실이나 중환자실이 준비될 때까지 응급실에서 치료를 계속 받게 되는데요, 병실이 없거나 응급 수술이 당장 어려운 경우에는 가능한 다른 병원으로 전원 보내는 경우도 종종 있습니다.

투약할 때는 정확하고 안전하게

　간호사는 언제나 환자의 안전을 최우선으로 생각해야 합니다. 투약은 수많은 간호 업무 중 하나이지만, 투약 오류는 환자의 생명과 안전을 크게 위협할 수 있어 더욱 각별한 주의가 필요해요. 따라서 간호사는 환자의 병력과 현재 상태를 철저히 검토한 뒤, 왜 이 약을 투여하는지, 어떤 경로로 언제 얼마만큼 투여할 것인지를 꼼꼼하게 확인해야 합니다. 최근에는 이 과정을 7 Right 원칙으로 체계화하여 정확한 환자 확인부터 약물 선택, 용량·경로·시기·근거 확인, 투약 기록까지 한 번도 빠뜨리지 않고 점검함으로써 투약 오류를 예방하고 환자의 안전을 지키고 있습니다.

7 Right이란?

1. Right Patient (올바른 환자 확인)
- 투약 전, 환자의 투약 바코드와 전산 처방이 일치하는지, 환자 팔찌의 이름·생년월일이 투약 바코드와 맞는지 확인해요.
- "OOO님 맞으시죠?"가 아니라 "이름이 어떻게 되시나요? 생년월일을 말씀해 주세요."라고 물어 환자가 직접 답하도록 합니다.

2. Right Medication (올바른 약물 선택)
- 약병을 꺼낼 때, 그리고 약물을 준비하기 전에 라벨을 최소 세 번 확인해요.
- 성분명과 제품명이 다를 수 있으므로 모르는 약은 약국에 반드시 재확인합니다.

3. Right Dose (올바른 용량 투여)
- 약을 꺼내고, 투여 직전에도 용량을 두 번 확인해요.
- 체중·연령·약물 농도·작용 시간 등 용량 결정 요인을 검토해 알맞은 양을 준비합니다.

4. Right Time (올바른 투여 시기)

- 정해진 시간에 맞춰 투약해야 효과가 가장 좋습니다.
- 특히 식전·식후·공복 등 복용 타이밍이 중요한 약물은 정확히 지켜야 해요.

5. Right Route (올바른 투여 경로)

- 경구, 정맥, 정맥, 피하주사 등 투여 경로를 반드시 확인하고 적용합니다.

6. Right Reason (투약의 근거 확인)

- "왜 이 약을 투여하는지" 반드시 점검해요.
- 환자의 진단명·증상·검사 결과와 약물 작용을 근거로 투약 적응증이 타당한지 확인합니다.

7. Right Documentation (투약 기록의 정확성)

- 투약 전·후 과정을 EMR에 빠짐없이 기록합니다.
- 언제·무엇을·얼마나·어디에 투여했는지, 환자의 반응은 어땠는지 모두 입력하면, 이후 의료진이 실시간으로 정보를 확인할 수 있어요.

4장에서는?

간호사는 누구나 될 수 있지만, 진심으로 환자를 돌보는 '좋은 간호사'가 되려면 남다른 헌신과 배려가 필요해요. 그럼 어떤 마음가짐을 갖추고, 어떤 과정을 거쳐 간호사가 되는지 알아볼까요?

환자를 이해하는 따뜻한 시선, 간호사의 첫걸음

간호사는 환자를 진정으로 돌보기 위해 사람에 대한 따뜻한 호기심과 연민을 가져야 해요. "왜 이 환자는 이렇게 아플까?", "왜 이 환자는 나아지지 않을까?", "이 환자는 왜 이런 감정을 표현할까?"와 같은 질문을 스스로 던지며, 환자의 신체적·정신적 상태를 깊이 이해하려는 태도가 간호의 출발점이랍니다. 만약 다른 사람의 고통에 공감하지 못하거나 소통이 서툴다면, 간호 업무는 쉽지 않아요.

반면, 진심 어린 공감 능력과 기본적인 전문 지식만 갖추면 누구나 좋은 간호사가 될 수 있어요. 여기에 빠른 상황 판단력과 신속한 실행력까지 더해진다면 더욱 완벽하겠지요. 중요한 것은 지금 당장 모든 능력을 갖추려 애쓰기보다, 현장에서 경험을 쌓으며 차근차근 성장하는 거예요.

또한 병원은 다양한 전문가가 함께 일하는 공간이므로, 간호사는 동료 간호사, 의사, 약사, 방사선사, 사회복지사, 원무과 직원 등과 협력하며 팀워크를 다져야 합니다. 이런 과정을 통해 자연스럽게 의사소통 능력과 문제 해결력이 향상되고, 환자의 치료에도 큰 도움이 된답니다.

결국 좋은 간호사가 되기 위해 필요한 것은 뛰어난 두뇌나 천부적인 재능이 아니라, 환자를 향한 연민과 관심, 그리고 꾸준한 배움의 자세예요. 아픈 사람들을 돌보며 여러분 자신도 한층 성숙해지는 과정을 경험하게 될 거예요.

체험활동이나 자원봉사를 하며 적성을 알아보세요

초등학생을 대상으로 진행하는 간호사 직업 체험에 참여해 보세요. 직업 체험 프로그램은 대학교 간호학과, 대형 병원 등 여러 곳에서 운영하고, 간호사들이 직접 나와서 이 직업에 관한 이야기를 들려주고, 학생들이 직접 실습할 수 있는 장비도 있어요.

병원, 재활원, 장애인 복지시설, 요양원, 데이케어센터 등 아픈 사람들이나 몸이 불편한 사람들이 이용하는 시설에서 봉사활동을 해 보세요. 어린이가 참여할 수 있는 활동이 다양하지는 않겠지만 병원 안내와 같은 간단한 활동을 통해서도 느낄 수 있는 게 있을 거예요.

그리고 일상생활 속에서 적용할 수 있는 응급처치 교육을 받아보세요. 심폐소생술이나 상처 치료하는 방법 등을 배우면 응급 상황이 발생했을 때 당황하지 않고 대처할 수 있어요. 이런 활동을 통해 간호사가 나의 적성에 맞는지 알아갈 수 있을 거예요.

간호학과에 진학하고 국가시험에 합격해요

간호사가 되기 위해서는 먼저 간호학과에 진학해야 해요. 간호학과를 졸업한 사람이나 졸업 예정자만 간호사 국가시험을 볼 수 있기 때문이에요. 이 시험에 합격하면 보건복지부 장관이 발급하는 간호사 면허를 받을 수 있어요. 2024년 기준, 우리나라에는 간호학과가 개설된 대학이 전국에 113곳이나 있고, 모집 정원도 1만 명이 넘는다고 해요. 아직 간호사의 수가 부족해서 정부는 간호 인력을 더 늘리기 위해 정원도 점점 확대하고 있어요. 간호사 국가시험은 매년 1월에 한 번만 치러지며, 합격률은 평균 95~96% 정도로 매우 높은 편이에요. 그만큼 학교에서 수업과 실습을 성실히 잘 따라갔다면, 누구나 충분히 합격할 수 있는 시험이에요.

간호사에게 가장 중요한 덕목은 '신뢰'

환자들은 자신의 건강과 안전을 간호사에게 맡겨요. 이렇게 믿고 맡길 수 있는 건 간호사를 신뢰하기 때문이에요. 신뢰는 환자와 간호사의 관계뿐만 아니라, 함께 일하는 다른 의료진들 사이에서도 정말 중요해요. 서로 믿고 도와야 환자에게 더 좋은 치료를 할 수 있거든요.

간호사가 환자와 동료들의 신뢰를 얻으려면, 먼저 책임감이 있어야 해요. 또, 약이나 치료에 대해 정확한 지식을 알고 있어야 하지요. 환자의 아픔을 잘 이해하고, 함께 일하는 사람들과 사이좋게 지내는 것도 중요해요. 그리고 정직하고 바르게 행동하는 윤리적인 마음도 꼭 필요해요.

간호학과에 다니다 보면 병원에 실습 나가기 전에 '나이팅게일 선서'를 해요. 이건 간호사가 되겠다고 약속하는 의미 있는 행사예요. 그때 많은 예비 간호사가 "좋은 간호사가 되자!" 하고 마음속으로 다짐하며, 간호사가 어떤 마음으로 일해야 하는지 생각해 보는 소중한 시간이랍니다.

<나이팅게일 선서>

나는 일생을 의롭게 살며 간호 전문직에 최선을 다할 것을 하느님과 여러분 앞에 선서합니다.

나는 인간의 생명에 해로운 일을 어떤 상황에서나 하지 않겠습니다.

나는 인간의 수준을 높이기 위하여 전력을 다하겠으며 간호하면서 알게 된 개인이나 가족의 사정을 비밀로 하겠습니다.

나는 성심으로 보건의료인과 협조하겠으며 나의 간호를 받는 사람들의 안녕을 위하여 헌신하겠습니다.

플로렌스 나이팅게일
(출처: https://www.biography.com/scientists/florence-nightingale)

5장에서는?

이 직업의 매력은 무엇이고, 간호사는 어떤 때 보람을 느끼는 걸까요? 선배 간호사가 현장에서 경험하고 느낀 이 직업의 장점과 매력을 확인해 보세요.

간호사의 하루, 보람의 조각들

신규 간호사였을 때는 아픈 사람을 돌보는 일이 큰 부담으로 느껴졌어요. 병원은 기쁜 일로 오는 곳이라기보다는, 몸이 아프고 마음마저 지친 사람들이 "왜 이런 일이 우리 가족에게 생겼을까?"라는 절망 속에서 찾아오는 곳이니까요. 그래서 위로의 말조차 조심스러울 때가 많았어요.

그럴 때 제가 할 수 있는 건, 그저 환자와 가족을 위해 제가 맡은 일에 최선을 다하는 것뿐이었어요. 그렇게 마음을 다해 간호한 뒤, 환자가 회복해 퇴원하거나 급성기를 지나 안정기에 접어들면서 환자와 가족이 안도하고 기뻐하는 모습을 볼 때, 정말 큰 보람을 느껴요. 때로는 제 마음이 전해졌는지 "고맙다"라는 인사를 진심으로 건네주시는 분들도 계시는데, 그런 따뜻한 말 한마디가 제가 이 일을 계속하게 만드는 가장 큰 힘인 것 같아요.

응급실로 실려 왔다가 고비를 넘기고, 중환자실을 거쳐 일반 병동으로 옮겨졌다는 소식을 들을 때도 마음이 참 따뜻해져요. 병원 로비나 정원에서 건강을 되찾아 산책하는 환자분을 마주치면, 반갑고 신기하고 또 뿌듯해요. 물론 환자분들이 저희를 기억하지 못하는 경우가 대부분이기 때문에 직접 인사를 하진 않지만, 마음속으로 "더 빨리 회복하시길 바라요."라고 응원하게 돼요.

 응급실에 오시는 분들은 대부분 위중한 상태라 의식이 없거나 정신이 없어서 누가 자신을 돌봤는지 기억하지 못하실 때가 많거든요. 저희도 마찬가지예요. 응급 상황에서는 환자의 평소 모습과 너무 달라서 나중에 길에서 마주쳐도 쉽게 알아보지 못할 때가 많아요. 그래도 아주 가끔 저희를 기억해 주시고 먼저 인사해 주시는 분들이 계세요. 그럴 때면 가슴 한편이 뭉클하고, 감사한 마음이 들어요. 그런 순간들이 모이고 쌓여서, 제가 간호사라는 일을 계속해 나갈 수 있는 큰 힘이 되는 것 같아요.

긴박한 순간, 완벽한 팀워크

응급실에 생사를 넘나드는 환자가 들어오면, 곧바로 '소생방Resuscitation Room'으로 옮겨져요. 이곳으로 향하는 환자들은 1분 1초가 긴급한 상태이기 때문에, 모든 처치는 주로 구두 지시verbal order로 이루어져요. 의학 드라마에서처럼, 의사가 환자를 옮기며 "어떤 약을 몇 mg 투약하세요.", "이 처치를 준비해 주세요."라고 말하면 간호사들이 즉각 행동에 들어가죠.

원칙적으로는 모든 처방을 문서로 남겨야 하지만, 이렇게 긴박한 상황에서는 구두 지시가 허용돼요. 응급 상황이 발생하면, 소란스럽지 않게 모든 간호사가 신속하게 소생방으로 모여요. 자연스럽게 역할을 나누고, 각자 맡은 일을 재빠르게 수행하죠. 환자의 상태가 안정되면, 담당 간호사만 남고 나머지 간호사들은 다시 자신의 구역으로 돌아가 원래 맡았던 일을 이어가요. 이렇게 말없이도 호흡이 착착 맞는 팀워크를 느낄 때, 저는 정말 뿌듯하고 기분이 좋아요. 혼자서는 절대 해낼 수 없는 순간들이니까요.

세월 속에 빛나는 간호의 길

　대학교에 다닐 때 교수님께서 "간호사는 나이가 들수록 더 좋은 직업이다."라고 말씀하신 적이 있어요. 그땐 20대였던 터라 쉽게 공감하지 못했지만, 이제는 그 말씀이 조금씩 이해돼요. 요즘은 친구나 가족 중에 누가 아프면 가장 먼저 저에게 연락해서 조언을 구하곤 해요. 물론 제가 모든 걸 해결해 줄 수는 없지만, 알고 있는 범위 내에서 최대한 설명해 주고, 어떤 병원에 가야 할지, 진료는 어떻게 봐야 하는지, 입원이나 수술은 어떤 과정으로 진행되는지 알려줘요. 한국에서 간호사로 일할 땐 직접 병원 예약을 도와주기도 했고요. 이렇게 간호사라는 직업이 주변 사람들에게 실질적인 도움을 줄 수 있다는 점이 큰 장점이라고 생각해요.

　간호사는 단지 내가 맡은 환자의 질병 예방과 건강 회복만을 돕는 게 아니라, 내가 가진 간호 지식으로 사랑하는 사람들의 건강도 지킬 수 있다는 점에서 더 큰 의미가 있다고 느껴요.

예전엔 승무원으로 일하는 친구들이 부러웠어요. 비행기를 탈 때 사람들은 설레고 들뜬 마음을 안고 탑승하잖아요. 반면 병원은 대부분 아프고 힘든 마음을 안고 오니까요. 간호사는 그런 사람들의 가장 힘든 순간을 함께하며, 그 고통의 시간을 조금이나마 편안하고 긍정적으로 바꾸기 위해 애써요. 저는 바로 이 점이 간호사라는 직업의 진짜 가치라고 생각해요. 시간이 지날수록 삶과 생명, 그리고 일의 의미를 깊이 깨닫게 되는 일이라는 점에서도요.

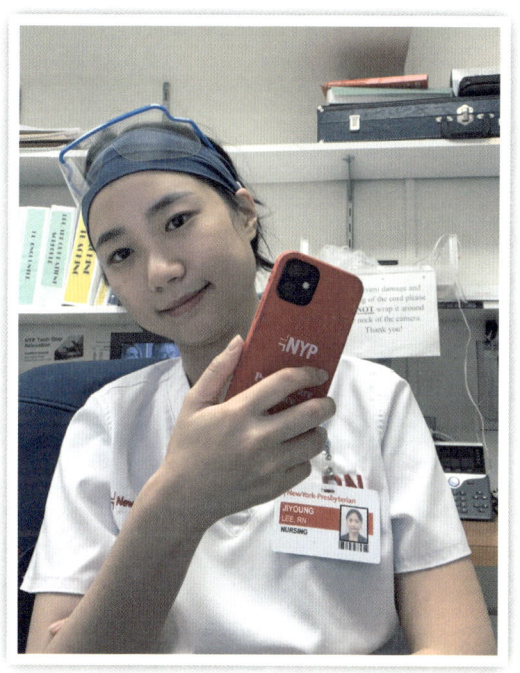

6장에서는?

병원은 아픈 사람들을 위해 24시간이 쉼 없이 돌아가는 곳이에요. 빈틈없이 환자들을 돌보는 간호사들이 있기에 가능한 일이지요. 사람의 생명을 다루는 일을 하는 간호사는 어떤 마음으로 임무를 수행하는지 들어보아요.

## 비판적 사고가 필요해요

다른 곳도 마찬가지겠지만 응급실에서 일할 때는 시간 여유가 정말 없어요. 끊임없이 내려오는 수많은 처방을 확인하고 실수 없이 수행하는 게 가장 중요한데, 환자의 상태는 괜찮은지 계속 확인하면서 내가 혹시 놓친 것은 없는지 긴장하지 않을 수가 없어요.

하지만 간호사는 의사가 처방하는 것을 그대로 수행만 해서는 안 되고 비판적 사고를 해야 해요. 환자의 증상 및 혈압, 심박수, 산소 포화도, 혈액 검사 결과 등을 보고 처방대로 수행할지 판단해야 하는 거죠. 특히 어떤 증상이 발생한 이후 급격히 상태가 나빠지는 환자는 시시각각 상태가 변하기 때문에 긴장의 끈을 놓을 수 없어요. 이럴 때 환자의 변화된 상태를 반영하지 않은 처방은 오히려 증상을 더 악화시킬 수 있는데요. 간호사는 환자의 상태를 보고 처방대로 수행할 것인지 담당 의사에게 상황을 알려 처방을 바꿀 것인지 판단해야 해요.

끝까지 환자 곁을 지키는 마음도 필요해요

간호사는 아픈 사람이 건강을 회복하도록 돕는 일을 해요. 하지만 모든 환자가 나아지는 것은 아니에요. 때로는 삶의 마지막 순간까지 함께하며, 환자가 편안하게 떠날 수 있도록 돕는 것도 간호사의 역할이에요.

응급실에서 일하다 보면 말기 암 환자처럼 회복이 어려운 분들을 만나게 돼요. 한번은 40대 여성 환자분이 심한 호흡곤란으로 응급실에 오셨어요. 5년 넘게 항암치료를 받으며 투병하셨지만, 병은 이미 폐와 뼈까지 전이된 상태였어요. 그분에게 의료진이 해드릴 수 있는 일은 고통을 덜어주는 진통제를 드리는 것뿐이었죠.

환자의 남편은 더 이상 생명을 억지로 연장하지 않겠다며 DNR(심폐소생술 거부 동의서)에 사인을 하셨고, 환자분의 옆을 지키셨어요. 심장 박동이 점점 느려지고, 산소 포화도가 떨어지는 상황에서 남편이 아내의 두 손을 꼭 잡고 말했어요. "그동안 고생 많았어, 사랑해. 다음 생에 만나

자." 그 말을 들은 환자분의 심장이 잠시 반응하고는 이내 멈췄어요. 마치 그 말을 들으려고 기다리셨던 것처럼요.

그 모습을 지켜보며 저는 간호사가 단지 치료만 하는 사람이 아니라, 환자의 마지막 순간까지 곁을 지키며 존중과 따뜻한 마음을 전하는 존재라는 것을 다시 한번 느꼈어요.

저는 대학 시절 호스피스 병동에서 자원봉사를 한 적이 있어요. 호스피스는 삶의 끝에 가까워진 환자와 가족이 남은 시간을 조금 더 편안하게 보낼 수 있도록 돕는 특별한 치료 개념이에요. 그곳에서 저는 '웰빙well-being'과 '웰다잉well-dying'은 이어져 있다는 이야기를 들었어요. 잘 사는 것이 곧 잘 떠나는 것이라는 말이었죠.

사고는 예고 없이 찾아오고, 병은 갑자기 진단받을 수도 있어요. 죽음은 결국 누구에게나 일어나는 평범한 일이에요. 마지막 순간에 환자들은 가족, 사랑, 그리고 행복에 대한 이야기를 가장 많이 했어요. 그래서 저는 간호사로서 생명을 살리는 일뿐 아니라, 삶의 마지막까지 따뜻하게 지켜보는 마음 또한 필요하다는 걸 배웠어요.

그리고 그런 순간들을 지나며 저는 깨달았어요. 오늘 하루 주어진 일을 성실하게 해내고, 사랑하는 사람들에게 마음을 더 자주 표현하며 살아가는 것, 그것이 결국 가장 평범하면서도 가장 행복한 삶이라는 것을요.

환자의 고통과 감정을 이해하려고 노력해요

　신입 간호사였을 때는 아픈 사람들의 마음을 잘 이해하지 못했어요. 그때는 저도 건강했고, 부모님도 특별히 아프신 적이 없었거든요. 그래서 병원에서 속상한 마음에 소리를 지르거나 우는 환자들을 보면, "왜 저렇게까지 하실까?" 하고 생각했어요. 너무 예민하거나 감정이 과한 거라고 느꼈던 거죠.

　그런데 시간이 지나면서 저의 마음도 조금씩 달라졌어요. 간호사로 일한 지 2년쯤 되었을 때, 어머니가 암 수술을 받으셨고, 친구들의 부모님도 병원에 오시는 일이 많아졌어요. 저도 건강이 안 좋아져서 갑상샘 수술을 받고, 몇 번 입원하고 검사를 받게 됐어요. 그때 알게 되었어요. 차가운 수술대 위에 누워 있는 기분, 마취에서 깨어나면서 느껴지는 불편함 같은 것들이요. 그제야 환자와 가족들이 얼마나 걱정되고 무서운 마음으로 병원에 오는지 더 잘 이해할 수 있었어요. 그 경험 덕분에 저는 아픈 사람들의 마음에 더 가까이 다가갈 수 있게 되었답니다.

7장에서는?

사람을 돕는 일을 하고 싶어 간호사가 되기로 했다는 이지영 간호사! 한국에서 간호사로 경력을 쌓아 지금은 미국 뉴욕에서 일하고 있어요. 간호사로 어떻게 성장했는지, 어떤 계기로 미국에 진출하게 되었는지 그 이야기를 들어보아요.

처음부터 간호사가 꿈은 아니었어요

저는 고등학교 3학년 때까지 간호사를 진로로 생각해 본 적이 없었어요. 문과였던 저는 인권변호사가 되는 것이 꿈이었고, 법대 진학을 준비하고 있었거든요. 그런데 대입 원서를 쓰는 시점에서 부모님께서 간호학과 지원을 권하셨어요. 결과적으로 법대와 간호학과 모두 합격했지만, 부모님은 사람을 돕는 일을 하고 싶다면, 간호사도 좋은 길이 될 수 있다고 말씀해 주셨어요.

당시는 사법시험이 단계적으로 폐지되고 로스쿨 제도가 본격적으로 자리 잡기 시작하던 시기였어요. 부모님은 간호사가 된 뒤, 의료 분야의 전문성을 살려 로스쿨에 진학하는 길도 고려해 볼 수 있다고 조언해 주셨죠. 그렇게 여러 가능성을 놓고 고민한 끝에, 저는 간호학과에 진학하기로 결정했어요.

전공 수업은 어렵고
힘들었어요

간호학과에 입학해서 1학년 때는 생화학, 생리학, 미생물학 같은 기초 과학 과목들을 배웠는데, 솔직히 재미도 없고 이해하기도 정말 어려웠어요. 해부학은 외워야 할 게 너무 많았고, 거의 매시간 쪽지 시험이 있어서 마치 다시 고등학생이 된 기분이었죠. 자유로운 수강 신청과 여유로운 캠퍼스 생활을 기대했는데, 간호학과는 다른 학과와 달리 시간표가 전부 정해져 있었고, 그 기대는 금세 깨져버렸어요. 더 놀라웠던 건, 우리가 강의실에 앉아 있으면 교수님들이 시간표에 맞춰 돌아가며 들어오신다는 거였어요. 정말 고등학교와 다를 게 없다는 생각이 들더라고요.

전공 공부가 저와 잘 맞는다고 느끼지는 못했지만, 그래도 실습도 수업도 최선을 다하려고 노력했어요. 저뿐만 아니라 간호학과 친구들 대부분이 정말 성실하게 공부했어요. 사실 그렇게 꾸준히 준비하는 것이, 나중에 국가시험을 무사히 통과하고 간호사가 되기 위한 당연한 과정이라는 걸 우리 모두 알고 있었던 것 같아요.

오케스트라 활동으로
대학 생활을 즐겼어요

　전공 수업이 바쁘고 실습도 힘들었지만, 저는 동아리 활동 덕분에 간호학과 생활을 한층 더 재미있게 보낼 수 있었어요. 간호학과 친구 중 악기를 다룰 수 있는 사람들과 함께 '힐링 오케스트라'라는 전공 동아리를 직접 만들었고, 저는 동아리 대표이자 플루트 파트장을 맡아 활동했어요.

　구성원 모두 간호학과 학생들이었지만, 음악을 사랑하는 마음만큼은 진지했기 때문에 음대 연습실을 빌려 틈틈이 연습했어요. 공부와 실습으로 지치기 쉬운 일상에서 이 시간은 큰 즐거움이자 쉼이었죠.

　동아리 친구들과 함께 학과 행사 때마다 작은 연주회를 열기도 했고, 간호학과만의 전공 특성을 살려 호스피스 병동에서 환자분들을 위한 연주와 간호 봉사를 함께 하기도 했어요. 오케스트라 활동은 단순한 취미를 넘어서, 제가 간호학과 생활을 끝까지 즐겁고 의미 있게 이어갈 수 있었던 큰 원동력이 되었어요.

서로에게 든든한 버팀목이 된 입사 동기들을 만났어요

2015년, 저는 간호사로서 첫걸음을 내디뎠어요. 그해 함께 응급실에 입사한 15명의 동기를 만난 건 지금까지도 제 인생에서 가장 큰 행운 중 하나라고 생각해요. 기쁜 일이 있을 때도, 지치고 힘든 순간에도 늘 함께였죠. 모두 병원 기숙사에 살았기 때문에 매일 같이 얼굴을 마주했고, 일이 끝난 뒤엔 근처 맛집을 찾아다니고, 휴일이 생기면 망설임 없이 여행을 떠났고요. 일할 때도, 쉴 때도 늘 곁에 누군가가 있다는 건 큰 위로였고, 그 덕분에 하루하루가 즐겁게 지나갔어요.

직장에서 마음이 잘 맞는 사람을 만나기는 쉽지 않다고들 하지만, 저는 동기들과 정말 특별한 인연을 맺을 수 있었어요. 응급실이라는 긴박하고 치열한 환경 속에서도 버텨낼 수 있었던 건, 바로 옆에서 함께 견뎌주는 동기들이 있었기 때문이에요. 지금은 병원에 남아 계속 근무 중인 동기들도 있고, 저처럼 미국에서 간호사로 일하는 친구들도 있어요. 그 외에도 보험회사, 간호직 공무원 등 다양한 분야에서 활약하고 있어요. 모두가 각자의 자리에서 열심히 일하며 여전히 서로를 응원하고 있답니다.

서울아산병원 응급실 동기들

프리셉터 선생님 덕분에 성장할 수 있었어요

병원에 입사하면 신규 간호사는 3개월간 프리셉터^{Preceptor}와 함께 일하며 실무를 배우게 돼요. 프리셉터는 경험이 풍부하고 업무 능력이 뛰어난 선배 간호사 중에서 선정돼요.

대학에서 배운 지식만으로는 실제 임상 현장에서 간호사로서 제 역할을 다하기 어렵기 때문에, 프리셉터는 환자를 응대하는 방법부터 효율적인 업무 수행 방식, 그리고 이론을 실제 상황에 적용하는 법까지 하나하나 실전 중심으로 가르쳐줘요. 그야말로 신규 간호사의 첫걸음을 책임지는 든든한 안내자예요.

제 프리셉터 선생님은 처음엔 정말 무서울 정도로 엄격한 분이었어요. 마치 호랑이 같다고 느껴질 만큼요. 말 한마디 붙이기도 어려웠고, 가르쳐주신 대로 하려고 애써도 뜻대로 되지 않아 속상해서 눈물이 고였던 적도 있었어요.

그럼에도 불구하고, 그 선생님의 철저한 가르침 덕분에 저는 빠르게 업무에 익숙해질 수 있었고, 자신감도 붙었어요. 돌이켜보면 그 시절의 엄격함이 저를 한층 더 단단하게 성장시켜 준 밑거름이었어요.

무서웠던 '호랑이 선생님'은 시간이 흐르며 인생에서 가장 소중한 친구가 되었고, 지금도 서로의 삶을 응원하며 인연을 이어가고 있어요. 간호사로서의 첫 시절을 함께한 그 경험은, 지금도 제 마음속에 깊은 감사와 애정으로 남아 있어요.

응급실 가족사진:

엄마인 혜린 선생님과 첫째 딸인 저, 그리고 둘째 딸 인화와 미국 이민 가기 전 기념으로 찍은 사진입니다. 공식 명칭은 프리셉터, 프리셉티지만 서로 엄마, 딸이라고 불렀어요. 지금도 두 분은 아산병원 응급실을 지키고 있는 멋진 간호사들입니다.

환자의 배려를 받을 때 감동이에요

응급실에서 일할 때는 한 번에 40명이 넘는 환자를 돌봐야 할 때도 있었어요. 하루는 혈압을 재고, 혈액검사를 하고, 항생제를 투약하고, 각종 검사와 입원 안내까지, 동시에 열 가지가 넘는 일을 처리하면서 여러 환자의 요구와 불만에도 응대해야 했어요. 몸도 마음도 벅차서, 정말 도망치고 싶다는 생각이 들 정도였죠.

그날 오후 1시쯤, 한 환자에게 퇴실 결정이 내려졌지만, 저는 너무 바빠서 그분께 퇴실 안내를 드리지 못했어요. 의사 선생님이 이미 퇴원한다고 설명했기 때문에 알고 계셨을 텐데, 그 환자분은 아무 말 없이 조용히 기다리고 계셨어요. 그 공간은 워낙 좁아서 제가 정신없이 움직이고 있다는 게 다 보이는 자리였거든요.

결국 저는 오후 6시가 되어서야 퇴원 절차를 마무리하고 약 설명을 해드릴 수 있었어요. 그런데 그분이 저를 보며 조용히 "감사합니다, 간호사님."이라고 하셨어요. 그 말 한마디에 갑자기 마음이 벅차올랐고, 눈물이 났어요.

바쁘고 지치는 순간들 속에서도, 환자들이 저를 이해하고 배려해 주는 순간이 가끔 있어요. 그런 순간마다 마음속 깊은 곳이 울리는 것 같고, 제가 이 일을 계속할 수 있는 이유를 다시 떠올리게 됩니다.

그만두고 싶었던 날도 있었어요

　응급실에서는 화장실에 갈 틈도, 물 한 잔 마실 여유도 없이 하루를 보내는 날이 많았어요. 몸이 아파도 말하지 못하고 참고 일하는 게 일상이었고요. 특히 한국은 간호사 한 명이 맡아야 하는 환자 수가 많아서 이런 일이 더 자주 생겨요. 그런데도 의료 수준과 간호의 질은 매우 높은 편인데, 그것은 그만큼 간호사들이 쉴 시간 없이 일하고 있다는 뜻이기도 해요. 그럴 때면 문득 '이 일을 계속할 수 있을까?' 하는 생각이 들곤 했어요.

　저는 특히 3교대 근무가 힘들었어요. 낮과 밤이 계속 바뀌는 스케줄에 시차를 맞추는 게 어려웠고, 그러다 보니 수면의 질이 떨어지고 면역력이 약해졌어요. 결국 호르몬 불균형까지 생기면서 건강에도 문제가 생겼죠. 이런 경험을 겪으면서 자연스럽게 '더 나은 환경에서 간호사로 일하고 싶다.'라는 생각이 들었어요. 그리고 그 마음이 점점 커지면서, 미국 간호사로 일해보고 싶다는 꿈을 진지하게 고민하게 되었어요.

미국 간호사가 되기로 결심했어요

　미국 간호사는 한국 간호사보다 연봉이 높고, 일과 삶의 균형이 더 잘 보장된다는 이야기를 들으면서 관심을 두게 되었어요. 같은 일을 해도 보상이 더 크다는 점은 큰 동기부여가 되었고, 간호사 한 명이 맡는 환자 수가 적어 근무 환경도 훨씬 안정적이라는 점이 매력적이었어요. 휴가나 병가를 쓸 때 눈치 보지 않고 자유롭게 사용할 수 있다는 점도 마음에 들었고요.

　무엇보다 간호사로서 할 수 있는 일의 폭이 넓다는 점이 가장 끌렸어요. 미국에서는 전문간호사Nurse Practitioner가 되면 의사처럼 처방을 내릴 수 있고, 개인 클리닉을 운영할 수도 있어요. 우리나라도 전문간호사 제도가 있긴 하지만, 아직 법적 기반이 부족해서 실제 업무 범위는 제한적인 편이에요. 그에 비해 미국은 간호사의 전문성과 자율성이 더 존중받는 환경이에요.

또 한 가지 중요한 점은, 한국에서는 간호사로 일하면서 다른 직업을 병행하는 것이 금지되어 있지만, 미국은 그런 면에서도 훨씬 유연해요. 본인의 건강과 여건만 맞는다면 여러 기관이나 부서에서 파트타임 근무를 병행할 수 있어요. 수입을 늘릴 수 있을 뿐 아니라, 관심 있는 다양한 분야의 경험을 쌓을 수 있다는 점에서 저처럼 활동적인 사람에게는 큰 장점이었어요.

그리고 결정적으로, 미국은 간호사에 대한 사회적 인식과 직업적 대우가 더 긍정적이고 안정적이에요. 환자뿐 아니라 의료진 간에도 간호사의 역할이 존중받고, 전문직으로서의 위상도 높게 평가돼요. 그런 점들이 저에게 더 큰 자부심을 느끼게 했고, 간호사로서 오랫동안 일하고 싶다는 마음을 굳히는 데 큰 영향을 주었어요.

이런 여러 가지 이유로 저는 미국 간호사로 일하기로 결심했고, 지금은 그 선택에 매우 만족하고 있어요. 보다 나은 근무 환경과 합리적인 보상, 그리고 다양한 기회를 경험하며 제가 원하던 간호사의 모습을 점점 찾아가는 중이에요.

언어와 문화가 달라도
마음이 통하는 동료들

낯선 나라에서 간호사로 일하는 게 힘들지 않냐는 질문을 자주 받아요. 사실 언어도 문화도 전혀 다른 환경에서 일한다는 건 결코 쉬운 일이 아니에요. 그런데도 큰 어려움 없이 미국에서 간호사로 일할 수 있었던 건, 믿고 함께할 수 있는 동료들이 곁에 있기 때문이에요. 응급한 상황에서 환자를 마주할 때나, 예기치 못한 위협적인 상황에 놓일 때도 있어요. 그럴 때마다 옆에 의지할 수 있는 동료가 있다는 사실만으로도 큰 안심이 되죠. 제가 모든 걸 완벽히 알지 못하더라도, 필요할 때마다 주저 없이 달려와 주는 사람들이 있다는 것 자체가 큰 힘이 돼요.

미국 병원은 팀워크를 무엇보다 중요하게 여겨요. 지금 누구에게 도움이 필요한지를 먼저 생각하고, 함께 움직이는 문화가 잘 자리 잡고 있어요. 누군가는 먼저 환자의 상태를 살피고, 또 누군가는 동료의 빈틈을 자연스럽게 메워주며 서로의 손이 되어줘요. 저 역시 동료가 도움이 필요할 때는 언제든 먼저 움직이려고 해요. 이런 관계 덕분에 혼자서는 감당하기 벅찰 것 같던 순간도 훨씬 수월하게 지나갈 수 있었어요.

무엇보다 함께 일하는 동료들 대부분이 긍정적인 에너지를 갖고 있어요. 서로 눈을 마주치며 웃고, "수고했어."라는 말을 자연스럽게 건네는 분위기 속에서 일하다 보면, 지쳤던 마음도 다시 힘을 얻곤 해요.

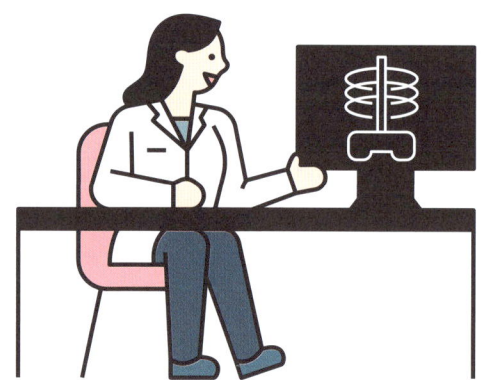

후회 없이 행복하게 하루하루 살아가는 삶

간호사가 되고 나서 사람을 바라보는 시선이 많이 달라졌어요. 예전에는 나와 맞지 않는 사람을 만나면 '그냥 좀 이상한 사람인가 보다.' 하고 별생각 없이 넘겼어요. 하지만 지금은 그런 행동 뒤에 어떤 사정이 있을지, 혹시 몸이 아프거나 마음이 힘든 건 아닌지, 내가 도울 수 있는 건 없는지를 먼저 생각하게 돼요. 그 덕분에 낯선 상황에서도 쉽게 당황하지 않고, 훨씬 더 차분하게 대응할 수 있게 되었어요.

죽음을 앞둔 환자들을 가까이에서 지켜보면서, 제 삶을 대하는 태도도 달라졌어요. 누구든지 사고나 질병처럼 예상치 못한 이유로 내일을 맞지 못할 수도 있어요. 그런데도 우리는 그 사실을 자주 잊고 살죠. 저 역시 그랬어요. 하지만 반복해서 그런 순간들을 마주하다 보니 자연스럽게 '지금, 이 하루를 어떻게 살아야 할까?'라는 질문을 스스로에게 자주 던지게 되었어요.

그래서 저는 하루하루를 대충 흘려보내고 싶지 않아요. 내일이 오지 않더라도, "그래도 오늘은 참 잘 살았다."라고 말할 수 있는 삶을 살고 싶어요. 크고 멋진 성과가 없더라도, 내가 오늘 누군가에게 친절했고, 맡은 일에 최선을 다했고, 나 자신에게 부끄럽지 않았다면 그걸로 충분하다고 생각해요.

조금 더 성실하게, 조금 더 따뜻하게, 그리고 조금 더 후회 없이 오늘을 살아가는 것. 그것이 제가 간호사로 일하며 환자들에게 배운 삶의 방식이에요. 그렇게 하루하루를 의미 있게 살아가다 보면, 마지막 순간이 오더라도 제 삶을 담담하게 받아들일 수 있을 것 같아요. 저는 오늘도 '잘 살았다.'라는 마음으로 하루를 마무리할 수 있도록 살아가고 있어요. 그것이 제가 꿈꾸는 후회 없는, 행복한 삶이에요.

전망대에서 바라보는 뉴욕 전경

맨해튼 거리에서

뉴욕 전망대 SUMMIT에서

8장에서는?

앞에서 미처 해결하지 못한 궁금증을 해결하는 시간! 간호사 면허를 가지고 할 수 있는 일은 무엇인지, 간호사가 되면 어떤 형태로 근무하게 되는지, 연봉은 얼마인지도 알아보아요.

간호사는 환자를 돌보지 않는 일을 할 수도 있나요?

간호 서비스는 꼭 환자를 돌보는 것만 뜻하는 것은 아니에요. 직접 환자를 돌보는 것이 적성에 맞지 않는다면 병원 안에서도 교육팀이나 보험심사팀, 국제협력팀, 고객서비스 지원팀 등 사무직으로 전환할 수도 있지요.

간호사 면허가 있으면 일할 곳은 많아요. 제약회사나 대학병원에서 연구 간호사로 일할 수 있고, 환자가 아닌 사람들의 건강 유지와 증진에 관심이 있다면 산업 간호사로, 학생들과 소통하는 것을 좋아한다면 학교 보건 교사로 진로를 선택할 수도 있어요. 또한, 공기업에서 안정적인 직장을 찾고 싶다면 심사평가원이나 국민건강보험공단으로 진출할 수도 있어요.

간호사로 숙련되는 데 얼마나 걸릴까요?

QUESTION 02

    간호사로 숙련되기까지 걸리는 시간은 어떤 부서에서 일하느냐에 따라 조금씩 달라요. 반복되는 기본적인 업무는 보통 6개월에서 1년 정도면 익숙해지고, 어느 정도는 혼자서도 안정적으로 일할 수 있게 돼요. 하지만 중환자실이나 수술실처럼 전문 지식과 기술이 많이 필요한 부서는 더 많은 시간이 필요하죠.

    제가 일했던 병원의 응급실은 공식적인 교육 기간이 3개월이었지만, 중환자부터 경환자까지 다양한 환자들을 접하며 전체 업무에 익숙해지는 데는 약 1년 정도 걸렸어요. 수술실도 흉부외과, 일반외과, 신경외과, 안과, 성형외과 등 여러 과의 수술을 모두 경험하는 데만 해도 1년 정도는 걸린다고 들었어요. 2~3년 정도 병동에서 근무하면 업무에 능숙해지고, 현장에서 중요한 역할을 맡을 만큼 실력이 쌓이게 돼요. 이 시기의 간호사들은 가장 활발하게 일하면서 팀의 중심 역할을 맡기도 하죠.

근무 형태는 어떤가요?

대형 병원에서는 교대근무가 기본이에요. 근무 형태는 보통 데이(Day), 이브닝(Evening), 나이트(Night)로 나뉘며, 시간대는 병원마다 조금씩 다를 수 있어요. 제가 근무했던 병원의 경우 데이는 아침 7시부터 오후 3시까지, 이브닝은 오후 3시부터 밤 11시까지, 나이트는 밤 11시부터 다음 날 아침 7시까지였어요.

교대할 때는 인계 시간이 필요해서 실제 근무시간보다 20~30분 일찍 출근하거나 늦게 퇴근하는 경우가 많아요. 인계 시간이 근무시간에 포함되는 병원도 있지만, 그렇지 않은 곳도 있어요.

교대근무는 장점도 있지만, 간호사들에게는 단점으로 느껴질 때도 많아요. 잦은 교대로 생활 리듬이 깨지면서 불면증이 생기거나, 기혼자의 경우 가정생활과 육아를 병행하기 어려워 이직을 고민하는 경우도 있어요.

반면, 미국의 간호사는 교대 근무자가 아니라 '데이 근무자' 또는 '나이트 근무자'로 처음부터 정해져 채용되기 때문에, 고정된 시간대에만 근무할 수 있다는 장점이 있어요. 예를 들어 데이 근무로 채용되면 계속 낮 시간대만 일하고, 나이트 근무자라면 밤 근무만 하게 되는 거예요. 또 대부분의 병원에서는 12시간 근무를 기본으로 하며, 주 3일 근무가 표준이에요. 근무 스케줄도 직접 신청하고 팀 내 조율을 통해 자유롭게 조정할 수 있어서, 자신의 생활 패턴에 맞춰 유연하게 일할 수 있는 구조예요.

최근 우리나라에서도 이러한 방식에 대한 관심이 높아지고 있어요. 몇몇 상급종합병원과 대학병원에서는 시범사업을 통해 간호사가 원하는 시간대에 근무할 수 있도록 했고, 간호사들의 반응이 좋아 점차 확대되는 추세예요. 실제로 시범사업에 참여한 간호사들 중에는 교대가 힘들어 그만두려다가 원하는 시간대만 일할 수 있게 되자 계속 다니게 된 경우도 있었어요.

앞으로 여러분이 간호사가 될 무렵엔, 한국에서도 간호사가 자신에게 맞는 시간대와 방식으로 근무할 수 있는 환경이 더 많이 자리 잡게 될 거예요.

연봉은 얼마나 되나요?

연봉은 근무하는 병원이 어디인가, 근무 연차가 얼마나 되는가에 따라 큰 차이가 있어요. 흔히 빅5라고 불리는 서울아산병원, 삼성서울병원, 신촌세브란스병원, 서울성모병원, 서울대병원을 기준으로 신입 간호사의 초봉은 4천만 원 중반에서 5천만 원 초반 정도 돼요. 다른 상급종합병원과 대학병원도 이와 비슷하거나 조금 낮은 편이라고 알고 있어요. 경력이 쌓이고 직위가 높아지면 연봉도 올라가는데요. 평균 10년 차 연봉이 7천만 원, 그리고 수간호사나 팀장 등과 같은 관리직으로 승진하면 1억 원까지 받는다고 합니다.

그러나 어떤 병원인가, 어느 지역인가에 따라 연봉은 달라질 수 있어요. 규모가 큰 병원일수록 연봉이 높은 편이고, 수도권보다는 지방 병원이 아무래도 연봉이 적은 편이에요. 하지만 연봉이 높다는 것은 한편으로는 일의 강도가 높다고 볼 수도 있어요.

정년은 언제인가요?

대부분의 대학병원은 법적 정년 나이인 만 60세가 정년이에요. 병원에 따라 다르지만 보통 50대 후반에서 60대 초중반으로 정년을 정하고 있어요. 제가 한국에서 일할 때만 해도 관리자가 아닌 일반 간호사 중에 50대 이상은 거의 없었어요. 실제로는 결혼과 출산으로 20, 30대에 그만둔 사람들이 많고, 여러 이유로 정년이 되기 전에 그만둔 사람들이 많았기 때문이에요. 그런데 요즘엔 좀 달라졌어요. 몇 년 전부터 부족한 간호사 수를 메우기 위해 전직 간호사들에게 재취업 교육의 기회를 제공하자 40대, 50대 간호사들의 취업이 많이 증가했다고 해요. 하지만 아무리 건강하고 일에 즐거움과 보람을 느끼더라도 정년퇴직할 나이가 되면 그만둬야 하는 게 현실이에요.

그러나 미국은 나이로 정년퇴직을 정하지 않아요. 간호사 본인의 건강이 허락하고 자신이 하는 일에 즐거움과 보람을 느낀다면 나이와 관계없이 여러 가지 다양한 간호 분야에서 일을 계속할 수 있어요. 실제로

70세 할머니 간호사가 일하는 병원도 있고, 60대에 전문간호사 자격증을 취득해 계속 발전하는 간호사도 있고요. 또 미국은 40대, 50대에 간호사 자격을 취득해 신규 간호사가 되는 사람도 많아요. 나이와 상관없이 평등한 직장 문화가 있어서 그런 것 같아요.

제가 알기로는 한국에서도 간호사의 정년을 없애야 한다는 의견이 많다고 해요. 간호사는 경력이 쌓일수록 숙련되고 전문성을 발휘할 수 있는 직업이에요. 단지 나이가 많다고 일을 그만두는 것보다 일을 하고자 하는 의지가 있고 건강하다면 나이에 상관없이 일을 할 수 있어야 한다고 생각해요.

이 직업과 관련해 추천할 만한 영화나 드라마가 있나요?

QUESTION 06

캐나다 드라마 <널시스Nurses>(2020년)를 추천하고 싶어요. 캐나다 토론토에 있는 세인트메리 병원을 배경으로 다섯 명의 신입 간호사들이 성장하는 이야기를 담았어요. 메디컬 드라마는 보통 의사를 중심으로 이야기를 전개하는데, 이 드라마는 간호사의 시선으로 병원에서 일어나는 일을 볼 수 있다는 점이 달라요.

다섯 명의 신입 간호사들이 출근한 첫날, 수간호사는 환자를 돌보는 것이 간호사의 가장 중요한 업무라고 이야기해요. 치료는 의사가 하고 환자의 회복을 돕는 일은 간호사가 한다는 뜻이에요. 이 드라마에는 응급실의 상황도 나오는데요. 응급 환자가 들어왔을 때 흩어져있던 간호사들이 뛰어와 각자 맡은 역할을 하는 것을 볼 수 있어요. 물론 드라마이기 때문에 현실과 다른 것들도 있지만, 간호사로 성장하는 과정이 잘 드러난 드라마라고 생각해요.

미국 간호사는 어떻게 되는 건가요?

QUESTION 07

미국 간호사가 되려면 먼저 NCLEX-RN^{National Council Examination for Registered Nurse}이라는 시험에 합격해야 해요. 이 시험은 미국 간호사 면허를 얻기 위한 것으로 우리나라에서 간호학과를 졸업하고 간호사 면허를 가진 사람이라면 누구나 도전할 수 있어요. 예전에는 한국에서도 시험을 볼 수 있었지만, 지금은 시험장이 없어 일본이나 대만, 미국 등 해외 시험장에 가서 직접 시험을 봐야 해요. 시험에 합격하면 이제 영주권을 지원해 줄 미국 고용주(병원, 에이전시 등)를 찾아야 해요. 이때는 보통 최소 1~2년 정도의 간호사 경력이 필요하고, 비자 신청을 위해 공인 영어성적^{TOEFL iBT, IELTS Academic, TOEIC}도 필요해요.

아픈 사람들을 대하는 게 힘들지 않나요?

QUESTION 08

안 힘들다고 하면 거짓말이겠죠? 간호사는 몸이 아픈 사람들뿐 아니라, 마음까지 지쳐 있는 사람들을 매일 만나야 하니까요. 환자들은 불안하고 예민할 때가 많고, 때로는 가족들이 큰 감정의 동요를 보이기도 해요. 그런 상황에서도 간호사는 침착하게 대처하고, 환자의 상태를 정확히 파악해 적절한 간호를 제공해야 하죠. 그래서 신체적으로도, 정신적으로도 꽤 힘든 일이에요.

하지만 경력이 쌓일수록 질병에 대한 이해도와 간호 기술이 늘어나면서, 환자에게 어떤 말을 건네야 할지, 어떤 도움이 필요한지를 조금씩 더 잘 알게 돼요. 그런 과정에서 간호사로서의 자신감도 생기고, 사람을 돌보는 일에서 오는 보람도 느낄 수 있게 되죠.

물론 아무것도 해줄 수 없는 상황이 가장 힘들어요. 치료 방법이 없는 환자, 마지막을 준비하는 환자를 돌볼 때는 마음이 무거워지고, 그저 곁에 있어 주는 것밖에 할 수 없을 때도 있거든요. 하지만 그런 순간에도 환자와 가족에게 작은 위로가 되어주는 것, 그것도 간호사의 중요한 역할이라고 생각해요.

스트레스는 어떻게 해소하세요?

QUESTION 09

지금 뉴욕에 살면서 느끼는 가장 큰 변화는 일과 삶의 균형이 훨씬 좋아졌다는 점이에요. 한국에서 일할 때보다 휴가도 자유롭게 쓸 수 있고, 일상이 조금 더 여유로워져서 스트레스도 덜 받는 것 같아요.

기분 전환하는 방법은 한국에 있을 때와 크게 다르진 않지만, 뉴욕이라는 도시가 주는 문화적 매력을 잘 활용하고 있어요. 브로드웨이에서 공연이나 뮤지컬을 보러 가기도 하고, 시간이 날 때면 박물관이나 미술관 전시도 즐겨 찾아요. 미국은 땅이 넓다 보니 조금 여유가 생기면 근교로 로드트립을 떠나거나 캠핑을 하며 자연 속에서 시간을 보내는 것도 큰 힐링이 돼요. 도시에서 벗어나 한적한 숲이나 호숫가에서 보내는 밤은 생각보다 훨씬 깊은 위로가 되거든요.

요즘은 날씨 좋은 날 음악을 들으며 조깅하는 것도 좋아하는데요, 그런 순간들이야말로 일상의 소중함을 새삼 느끼게 해주는 진짜 힐링이에요.

맨해튼으로 향하는 페리

우리나라 간호 서비스의 수준은 어떤가요?

한국의 간호 교육은 세계적으로도 높은 수준이에요. 간호사들은 학교에서 이론과 실습을 체계적으로 배우고, 병원 현장에서 다양한 경험을 쌓으며 고도의 의료 지식과 기술을 갖춘 전문가로 성장해요. 이런 전문성을 바탕으로, 환자 중심의 치료와 세심한 간호가 이루어지고 있기 때문에 우리나라의 간호 서비스 질도 전반적으로 매우 높은 편이라고 할 수 있어요.

하지만 아직 보완이 필요한 부분도 있어요. 예를 들어 미국에서는 간호사 한 명이 4~6명의 환자를 돌보는 것이 일반적이지만, 우리나라 일부 병원에서는 간호사 한 명이 20명, 많게는 30명까지 맡는 경우도 있어요. 아무리 능력 있는 간호사라도 이렇게 많은 환자를 한 번에 돌보는 상황에서는 개별 환자에게 충분한 시간과 정성을 들이기 어려워 간호의 질이 낮아질 수밖에 없죠.

또한 지역 간 의료 격차도 문제예요. 수도권과 대도시에는 대형병원과 의료 인력이 집중되어 있지만, 지방이나 농어촌 지역은 병원 수가 적고 간호 인력도 부족해 지역에 따라 간호 서비스 수준에 차이가 생기고 있어요. 간호사 수를 충분히 확보하고, 지역 간 균형 있는 의료 환경이 마련된다면 우리나라의 간호 서비스는 지금보다 더 나아질 수 있을 거예요.

* 2015-2018 서울아산병원응급실

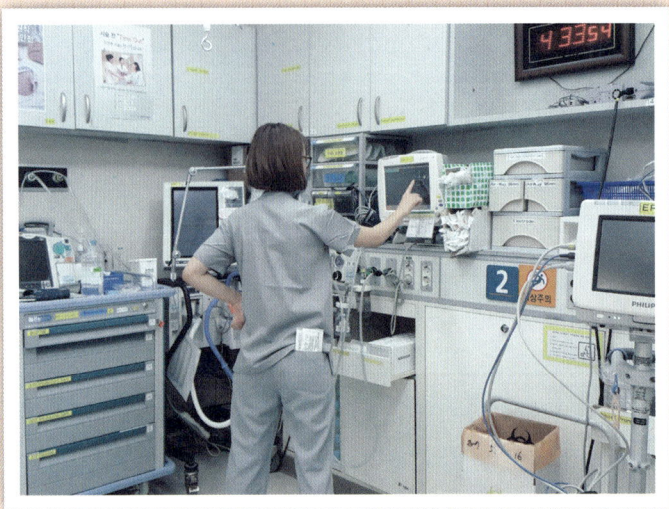

모니터 세팅하는 모습

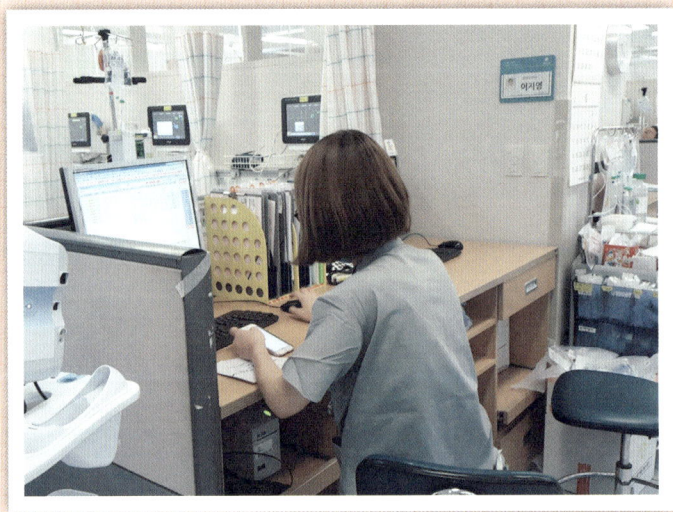

응급실 구역에서 차팅하는 모습

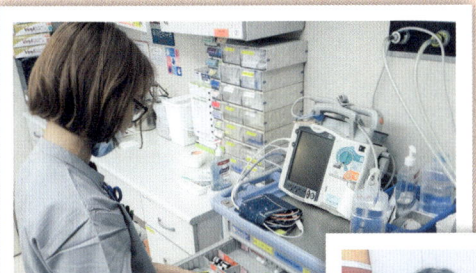

응급카트 약물
카운트하는 모습

응급실 동기들과 함께

* 삼성서울병원 외래 PA

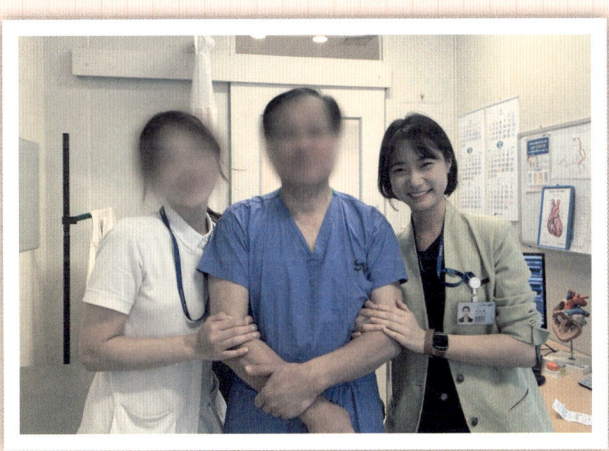

외래 간호사 선생님(왼쪽), 흉부외과 교수님(중간)과 함께
외래진료실에서 찰칵

* 2022 morningside dialysis center

환자 투석일지 작성 중

널싱 스테이션

투석 종료하러 가는 모습

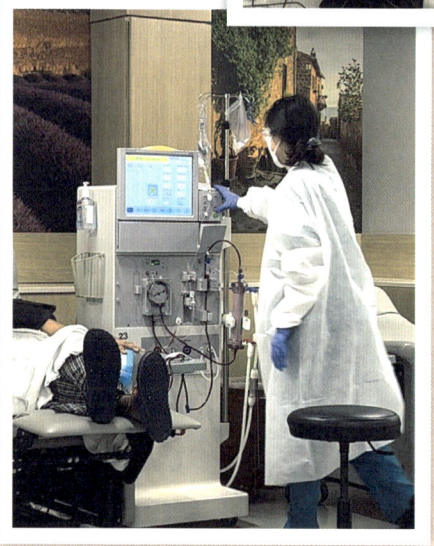

투석 팀원들과 다 같이 한 컷

투약 준비하는 모습

가장 애정했던 동료 Greg와 Marisse와 함께

* 2023 NewYork-Presbyterian Weill Cornell Medical Center

아름다운 병원 전경

출근하기 전 셀카 찍기

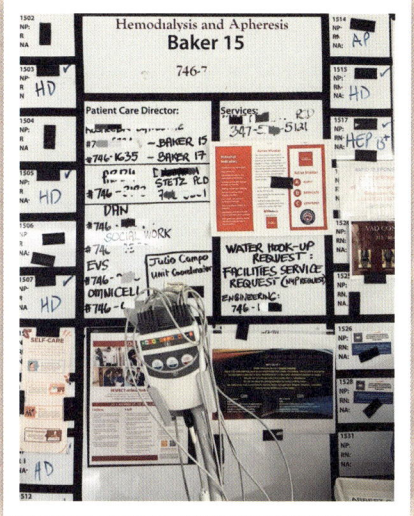

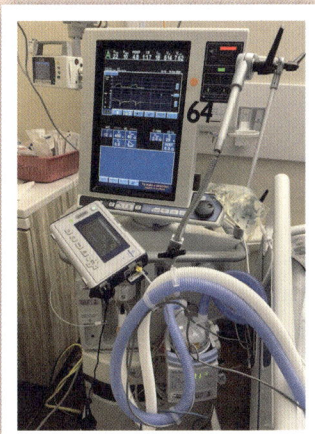

Ventilator(인공호흡기)

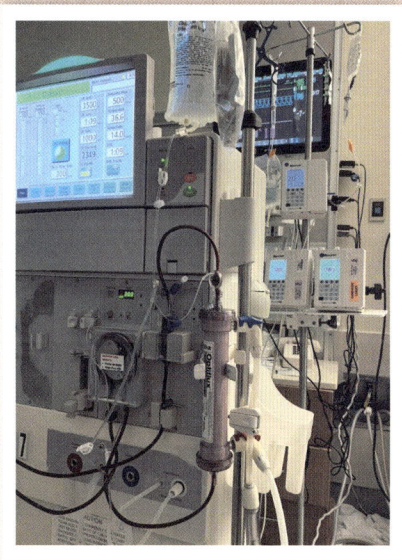

투석 진행하며 실시간 활력징후 및 투약 모니터링 중

* 2023 NewYork-Presbyterian Weill Cornell Medical Center

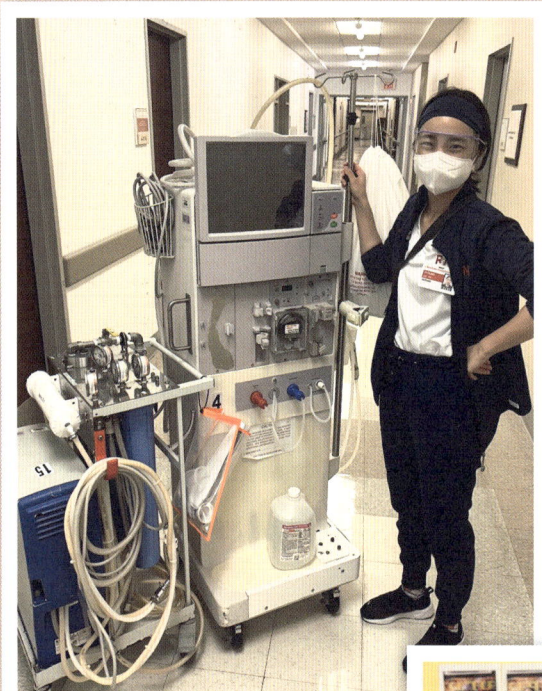

ICU 다녀오는 길, 혼자 투석 기계와 RO 기계를 끌고 다녀야 돼서 체력은 필수!

Magnet 인증 병원 표시

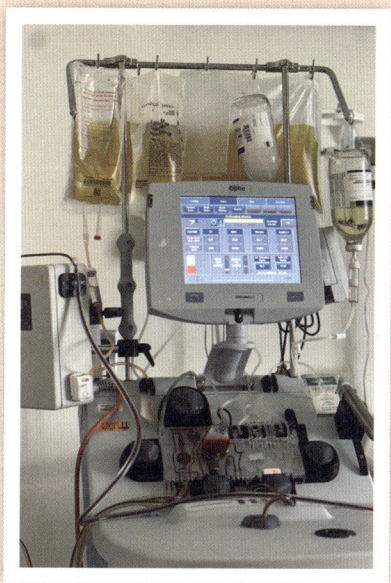

혈장교환술(Therapeutic plasma exchange)

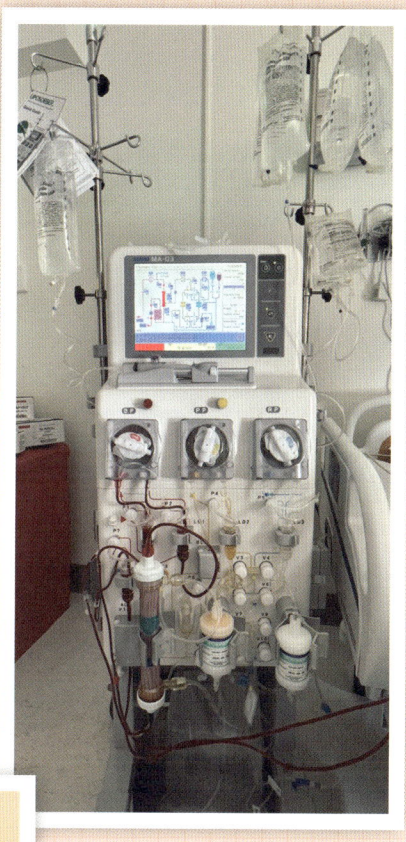

LDL apheresis

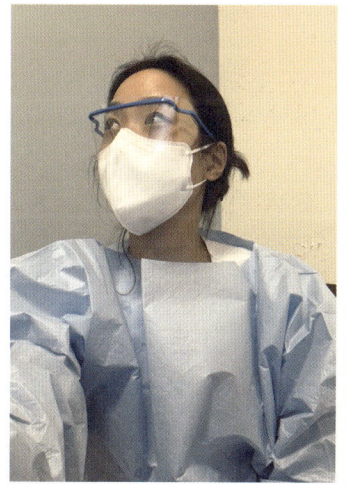

감염 관리를 위해
항상 보호안경과
가운, 마스크, 장갑을 착용 중

* 2023 NewYork-Presbyterian Weill Cornell
   Medical Center

소아 투석 트레이닝 받는 중

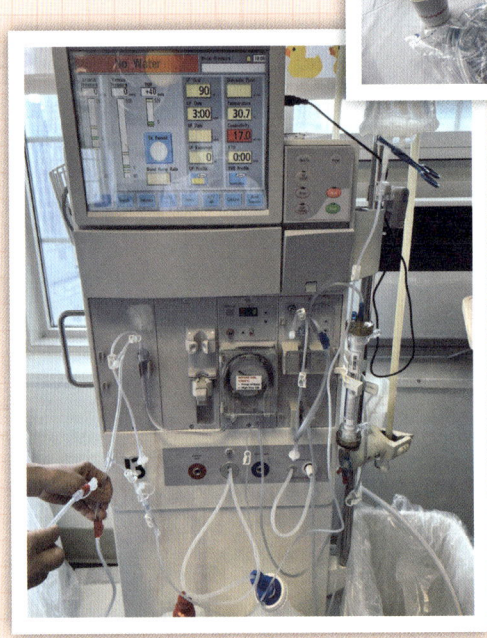

투석하기 전
환자 차트 리뷰하는 중

투석을 위해
필요한 물품 챙기는 중

hepatitis B 관리를 위한 규정

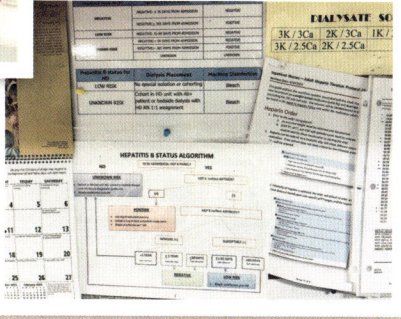

CHAPTER. 10

나도 간호사

1. 건강 캠페인 동영상 제작하기

성인 중에 많은 사람이 만성질환(고혈압, 당뇨병, 이상지질혈증)을 앓고 있어요. 가족 중에 질환이 있는 분이 있다면 증상은 무엇이고, 어떻게 관리하고 있는지, 예방하는 방법은 무엇인지 등 조사해 보세요. 조사한 내용을 바탕으로 질환의 정의, 원인, 예방 방법에 관해 설명하는 동영상을 찍어보세요.

2. 내 주변의 의료인 또는 의료 관련인을 만나 인터뷰하기

의료인을 만나 궁금한 것을 직접 물어보세요. 어떻게 이 직업을 가지게 되었는지, 주로 하는 일은 무엇인지, 아픈 사람을 대할 때 조심해야 할 것은 무엇인지 등 미리 준비한 질문을 하고 답을 듣고 정리해 보세요.

3. 봉사활동 체험하기

요양(병)원, 장애인 복지시설, 호스피스, 데이케어센터 등은 봉사자를 항시 모집해요. 어린이 여러분이 봉사할 수 있는 기관을 찾아 직접 봉사활동을 해 보고 자신이 어떤 역할을 했는지, 그 역할을 하면서 어떤 생각이 들었는지 적어보세요.

4. 아픈 사람을 대하는 방법 알아보기

아픈 사람을 대하는 방법을 배우는 것도 이 직업을 알아가는 과정이에요. 어떻게 대할지 모르겠다면 아픈 사람과 돌보는 사람에게 물어보거나, 이와 관련된 자료를 찾아보고 응대 방법을 정리해 보세요.

5. 간호사와 협력하는 사람들 알아보기

간호사는 혼자 일하지 않아요. 함께 일하는 의사, 약사, 물리치료사, 보호자 등 다양한 사람들을 만나게 돼요. 간호사가 다른 사람들과 어떻게 협력하는지 조사하고, 왜 협력이 중요한지 생각해 보세요.

6. 나도 미래의 간호사!

여러분이 간호사가 된다면 어떤 환자를 가장 잘 돌보고 싶나요? 그리고 어떤 간호사가 되고 싶은지, 그 이유는 무엇인지 상상해서 글이나 그림으로 표현해 보세요.

초등학생의 진로와 직업 탐색을 위한 잡프러포즈 시리즈 51

간호사는 어때?

2025년 6월 10일 초판 1쇄

지은이 | 이지영
펴낸이 | 김민영
펴낸곳 | 토크쇼

편집인 | 박성은
표지 디자인 | 이희우
본문 디자인 | 책읽는소리
홍보 | 이예지

출판등록 2016년 7월 21일 제 2023-000173호
주소 | 서울시 마포구 월드컵북로98, 2층 202호
전화 | 070-4200-0327
팩스 | 070-7966-9327
전자우편 | myys327@gmail.com
ISBN | 979-11-94260-37-0(73190)
정가 | 13,000원

이 책의 저작권은 저자와 출판사에 있습니다.
서면에 의한 저자와 출판사의 허락 없이 책의 전부 또는
일부 내용을 사용할 수 없습니다.